EEN GLIMP VAN DE OVERKANT

K. De Boer

Middelkerke 1996

HENRI NOUWEN

Een glimp van de overkant

Bespiegelingen over leven en dood

lannoo

Henri Nouwen bij Lannoo

Vreemdeling in het paradijs
Moeder. Een in memoriam
De woestijn zal bloeien
Gracias
Een brief van troost en bemoediging
(niet meer voorradig)
Open uw hart
Brieven aan Marc
(niet meer voorradig)
Met open handen
In de naam van Jezus
Een glimp van de overkant
In het huis van de Heer
Tekens van leven
Eindelijk thuis
Een parel in Gods ogen
In het uur van onze dood
(verschijnt binnenkort)

Derde druk
Oorspronkelijke titel A Glimpse beyond the Mirror
Uit het Engels vertaald door Door Timmermann
Omslagontwerp Robert Nix
Gezet, gedrukt en gebonden bij
Drukkerij Lannoo nv, Tielt - 1993

Printed in Belgium
D/1993/45/148 - ISBN 90 209 2295 5 - NUGI 636

Inhoud

Woord vooraf

Dit boekje is het geestelijke verhaal van een ongeluk, een ongeluk dat mij overkwam. Ik heb het geschreven omdat ik geen keus had. Het ongeluk bracht mij in het voorportaal van de dood en leidde mij naar een nieuwe Godservaring. Als ik er niet over had geschreven zou ik ontrouw zijn geweest aan mijn roeping om altijd en overal Gods aanwezigheid te verkondigen. Op mijn zoektocht naar God zijn boeken en artikelen belangrijk geweest, maar het was de inbreuk op mijn dagelijks leven die mij het goddelijk mysterie waaraan ik deel heb, het diepst openbaarde.

Een lange periode van eenzaamheid in een trappistenklooster, die een inbreuk was op een druk leven van doceren, de plotselinge dood van mijn moeder die een inbreuk was op de zeer sterke band met mijn familie, een confrontatie met de armoede in Latijns-Amerika die een inbreuk was op een redelijk comfortabel leven in het Noorden, een beroep op mij om met geestelijk gehandicapten te leven, dat een inbreuk maakte op een academische carrière, het verbreken van een diepe vriendschap dat een inbreuk was op een groeiende gewaarwording van emotionele geborgenheid — al dergelijke gebeurtenissen dwingen mij steeds weer mijzelf de vraag te stellen: waar is God en wie is God voor mij ? Al deze inbreuken dienden zich aan als kansen om het normale patroon van het dagelijkse leven te doorbreken, banden te ontdekken die dieper gaan dan de vroegere waarborgen voor mijn fysiek, emotioneel en geestelijk welzijn. Elke inbreuk was voor mij een uitnodiging om op een nieuwe manier te kijken naar mijn identiteit voor God. Elke inbreuk nam me iets af, elke inbreuk gaf me iets nieuws. Achter het succes van het doceren lag de innerlijke vrede van de eenzaamheid en de gemeenschap; achter de band met mijn moeder lag de moederlijke aanwezigheid van God; achter het comfort van Noord-Amerika lag de stralende lach van de kinderen van God in Bolivia en Peru; achter de academische carrière lag de roeping God te ervaren in hen, die naar lichaam en geest gebroken zijn; achter elke koesterende vriendschap lag de gemeenschap met een God die elk stukje van mijn hart vraagt. Kortom, achter de vele 'sociale schikkingen' die bijdragen tot een goed leven, liggen de vele mogelijkheden van een relatie met de God van Abraham en Sara, Isaak en Rebekka, Jakob, Lea en Rachel, met de Vader van Jezus, wiens naam Liefde is.

Deze talrijke inbreuken op mijn leven die mij 'naar de overkant' roepen, dwongen mij tot schrijven. Allereerst, heel eenvoudig, omdat schrijven voor mij de enige manier leek om de moed niet te verliezen in de angstaanjagende en vaak verwoestende inbreuk op mijn leven, mijn diepste zelf niet los te laten tijdens al die verhuizingen van bekende naar onbekende plaatsen. Het schrijven hielp mij om in heel die verwarrende situatie althans enigszins mijn gedachten bij elkaar te houden, om de bescheiden, leidende stem van Gods Geest beter te onderscheiden te midden van de kakofonie van stemmen die je afleiden. Maar altijd was er een tweede motief. Om de een of andere reden was ik de veronderstelling toegedaan dat schrijven dé manier was, om uit de pijnen en angsten van mijn vluchtig leven iets van blijvende waarde naar boven te halen. Elke keer als het leven mij vroeg een nieuwe stap naar een onbekend geestelijk gebied te

zetten, voelde ik een diepe innerlijke drang mijn verhaal aan anderen te vertellen — misschien uit behoefte aan kameraadschap, maar misschien ook wel vanuit een besef, dat het mijn diepste roeping is om te getuigen van die glimp van God, die ik mocht opvangen. Toen ik door een auto werd aangereden terwijl ik stond te liften, en me zelf spoedig daarna met de dood geconfronteerd zag, had ik meer dan ooit het gevoel dat het leven dat ik toen leefde, een leven voor anderen moest zijn. Nu ik weer gezond ben en in staat mijn verhaal te vertellen, voel ik dat deze inbreuk, die de laatste had kunnen zijn, mij nieuwe kennis van God gaf die in scherp contrast stond met wat ik tot nu toe had geleerd. En zo was er sterker dan ooit de behoefte om erover te schrijven en deze kennis, die ik niet alleen voor mezelf kan houden, eenvoudig aan te bieden.
Ik hoop en bid dat deze glimp van de overkant bemoediging en hoop zal geven aan mijn broeders en zusters die bang zijn om aan hun naderende dood te denken, of die er met angst en beven wel aan denken, maar nooit in vrede.

Het ongeluk

Twee herinneringen aan die gebeurtenis op een donkere wintermorgen, toen de achteruitkijkspiegel van een passerende bestelwagen mij in de rug raakte en me naast de weg tegen de grond smakte, blijven mij levendig voor de geest staan. Ik wist onmiddellijk dat ik een punt had bereikt waarna er geen weg meer terug is. Ik wist niet hoe ernstig ik gewond was, maar wel wist ik dat er een einde was gekomen aan iets ouds en dat er iets nieuws, tot nu toe ongekend, op het punt stond te verschijnen.
Toen ik daar langs die drukke weg lag en om hulp riep, wist ik vanaf het moment dat ik was geraakt ook, dat dit niet enkel maar een ongeluk was. Later zag ik heel helder hoe voorspelbaar, wonderbaarlijk en mysterieus voorbereid die hele gebeurtenis was. Op dat ogenblik was mijn eerste zorg dat er hulp kwam, maar toch realiseerde ik mij dat er, zoals ik daar langs die weg lag, iets ongewoon 'goeds' aan het gebeuren was.
Het was een drukke week geweest, vol kleinigheden waarvan er niet één nu echt verschrikkelijk belangrijk was. Toch namen ze elk uur van mijn tijd in beslag en ik was er echt moe van en er enigszins geprikkeld door geraakt. Er leek nooit ruimte te zijn om in contact te treden met mijn eigen innerlijke bron. Maar er was één duidelijke uitzondering. Men had mij gevraagd Hsi-Fu, een zwaar gehandicapte Chinese jongen van veertien jaar, te helpen en hem 's morgens klaar te maken voor school. Nathan en Todd die Hsi-Fu gewoonlijk hielpen, waren op retraite en ik was blij dat ik

hun plaats kon innemen. Eigenlijk voelde ik mij wel bevoorrecht dat ik nu de gelegenheid had om dicht bij Hsi-Fu te komen. Hsi-Fu is blind, niet in staat te spreken of te lopen en heeft ernstige lichamelijke misvormingen. Hij is echter zo vol leven en liefde, dat zijn nabijheid mij helpt in aanraking te komen met datgene wat het leven echt voedt. Als ik hem in bad doe, zijn tanden poets, zijn haren kam en zijn hand leidt wanneer hij probeert wat voedsel op zijn lepel te krijgen en naar zijn mond te brengen, ontstaat er een veilige intimiteit, een rustige band, een ogenblik van echte vrede, bijna zoals tijdens een uur van meditatie. De maandag-, dinsdag- en woensdagmorgen had ik al besteed aan dit routinewerk met hem en ik keek er verlangend naar uit om weer bij hem te zijn.
Hsi-Fu woont in het zogenoemde 'Corner House', in de benedenstad van Richmond Hill, vijf minuten rijden van het huis waar ik verblijf. Die donderdagmorgen was ik vroeg wakker en toen ik door het raam keek, zag ik dat de aarde in een glimmende ijsvlakte was veranderd. Het was zonneklaar dat ik die halve mijl van huis naar Yonge Street niet met de auto kon afleggen. De modderige weg was nu meer geschikt om erop te schaatsen dan om erop te rijden en de auto nemen betekende dat je in de sloot zou belanden.

Mijn collega Sue, op weg naar het ochtendgebed toen ik op het punt stond te vertrekken, zei: 'Je moet de auto niet nemen, het is onmogelijk.' Ik zei: 'Nee, nee, ik ga lopen, het is pas zes uur en ik kan er gemakkelijk tegen zeven uur zijn.' Sue antwoordde: 'Henri, ga niet, het is veel te gevaarlijk. Bel Corner House, ze vinden wel een oplossing voor Hsi-Fu.' Precies op dat moment voelde ik diep in mij verzet om te laten schieten wat ik zo graag deed. Sue drong aan: 'Ga niet.' Maar ik hield koppig vol: 'Dat kan ik niet doen. Ik heb het beloofd.' Dus ging ik en begon over de hard bevroren weg richting Yonge Street te schuifelen. Lopen bleek moeilijk en op een bepaald punt gleed ik uit en viel voorover. Maar ik bleef tegen mezelf zeggen: 'Doorlopen. Je redt het. Laat je niet dwarsbomen door een beetje ijs.' Het motief was nu niet meer louter dienstbaar te zijn, maar het verlangen mezelf te laten zien dat ik een kleine taak kon vervullen, en het zelfs nog sterkere verlangen mij Hsi-Fu door niemand te laten afnemen, althans deze week niet.

Toen ik Yonge Street bereikte, zag ik dat ik er een kwartier over gedaan had om er te komen. Ik stak de weg over en begon zuidwaarts naar Richmond Hill te lopen. Ik begon me heel angstig te voelen onder het lopen. Auto's schoten voorbij en ofschoon de weg zelf ijsvrij leek, waren de bermen heel gevaarlijk. Ik strompelde verder en dreigde weer te vallen. Toen ik bij het Pioneer benzinestation was realiseerde ik mij dat het al half zeven was en dat ik nooit op tijd in Corner House kon zijn. Op dat ogenblik reed een kleine vrachtwagen met twee mannen erin het tankstation binnen. Ik besloot hun te vragen mij te helpen. Ik klopte op het raam en toen de man naast de chauffeur het raam naar beneden draaide, zei ik: 'Goede morgen, kunt u mij misschien meenemen naar de benedenstad. Ik moet daar om zeven uur zijn en met al dat ijs op de berm van de weg haal ik het niet. Het is maar drie minuten rijden.' De chauffeur boog zich naar mij toe en zei: 'Nee, we kunnen u niet helpen. We zijn net hier om het tankstation te openen. We hebben geen tijd.' Ik besloot het nog eens te proberen: 'Luister, het is maar een paar minuten en ik ben huiverig om met al dat ijs langs de weg te lopen. Kunt u me niet helpen, alstublieft ? Het kost

u niet veel tijd.' Maar het antwoord bleef hetzelfde: 'Het spijt me, we hebben geen tijd.' Ik voelde me kwaad worden en er kwam een vreemd verlangen in me op om deze mannen te dwingen mij te helpen. Dus zei ik: 'Ik moet echt daarginds zijn — ik wees met mijn hand — waar je die toren ziet en ik red het niet als u me niet helpt. Er is hier niemand die u op dit ogenblik nodig heeft.'
De chauffeur startte zijn auto en reed achteruit de parkeerplaats op terwijl hij zei: 'Sorry, we hebben geen tijd. We moeten de zaak openen.' Ondertussen draaide de passagier het raampje dicht en ze lieten me staan. Plotseling voelde ik me verschrikkelijk kwaad. Deze twee voor mij volmaakt vreemden waren mijn vijanden geworden. Ik voelde verontwaardiging, ja zelfs een woede-uitbarsting in een duistere hoek diep in mijn binnenste. Ze hadden me verkeerd begrepen, opzij geschoven, afgewezen, alleen gelaten. Een gevoel als van een kind dat in de steek is gelaten, schoot door mij heen. Terwijl ik door de berm in de richting van de weg liep, wist ik dat ik voorzichtig moest zijn, maar ik was het niet. Ik ploeterde verder terwijl auto's met verblindende koplampen de één na de ander voorbijsnelden. Nu was ik helemaal vastbesloten op tijd te zijn. Ik zou dat koppel wel eens laten zien dat ik het zonder hen kon, dat ik hen niet echt nodig had, dat andere mensen meer meeleven tonen dan zij en dat per slot van rekening ik gelijk en zij ongelijk hadden.
Toen ik het verkeer op de weg naderde, draaide ik mij naar de naderende koplampen, stak mijn rechterhand op en wees richting benedenstad Richmond Hill. De ene auto na de andere dook op uit de ochtendnevels en reed mij voorbij. Ik dacht aan al die mannen en vrouwen die in hun lege wagens comfortabel naar hun werk reden en chagrijnig

ging ik me afvragen waarom niemand mij scheen op te merken of enige neiging om te stoppen vertoonde om mij dat kleine eindje dat ik nog te gaan had, mee te nemen. De twee vijanden waren er velen geworden.
Een vreemde dubbelzinnigheid had mij in haar greep. Mijn verstand zei me duidelijk dat het in deze omstandigheden absoluut niet reëel was te verwachten dat een passerende chauffeur me zou zien, zich zou realiseren dat ik hulp nodig had, zou stoppen en me meenemen naar de benedenstad. Zelf zou ik zeker niet in staat zijn dat allemaal te doen wanneer ik om halfzeven in de morgen van een ijskoude dag naar mijn werk reed. Ondanks dat was er tegelijkertijd die innerlijke woede, het sterker wordende gevoel van afgewezen te zijn, die innerlijke schreeuw: 'Waarom rijden jullie mij allemaal voorbij, negeren jullie mijn smeekbede en waarom laten jullie mij alleen staan langs de weg?' Mijn inzicht in de absurditeit van mijn verwachtingen doorkruiste mijn vreemde boosheid.
Uiteindelijk besloot ik dan maar te voet verder te gaan, de enige manier om in het Corner House te komen. Ondertussen was het wel later geworden en de kans om nog tegen zeven uur bij Hsi-Fu te zijn was verkeken. En zo begon ik boos, verward, nerveus en met het gevoel een dwaas te zijn Yonge Street af te lopen. Ik hoorde de stem van Sue zeggen: 'Henri, het is veel te gevaarlijk.'
Toen gebeurde het: iets raakte mij, een vreemd, donker geluid trok door mijn lichaam, ik voelde een scherpe pijn in mijn rug, struikelde en viel op het wegdek, terwijl ik probeerde het uit te schreeuwen. Ik zag mezelf denken: 'Zou de chauffeur die me geraakt heeft, me hebben opgemerkt of rijdt hij door alsof er niets is gebeurd?' Maar ook een andere gedachte kwam in me op, veel dieper en

veel sterker: 'Alles is veranderd. Niets van al mijn plannen doet er meer toe. Het is afschuwelijk, pijnlijk... maar misschien wel heel goed.' De woorden van Sue hoorde ik weer: 'Het is te gevaarlijk, veel te gevaarlijk.' En toen was er niets. Daar lag ik nu, hulpeloos langs de kant van de weg. Het gevoel dat ik helemaal niets meer kon, die machteloosheid maakte me niet bang. Het was alsof een sterke hand me had tegengehouden en me had gedwongen tot de een of andere vorm van een noodzakelijke overgave.

Zoals ik daar lag, probeerde ik de aandacht van de twee pompbedienden te trekken, maar zij waren te ver weg om me te zien of te horen. Toen kwam er tot mijn verrassing een jonge man naar mij toe rennen. Hij boog zich over mij heen en zei: 'Laat mij u helpen. U bent gewond.' Zijn stem klonk heel aardig en vriendelijk. Hij zag eruit als een beschermengel. 'Een passerende auto moet mij hebben aangereden,' zei ik, 'ik weet zelfs niet of de chauffeur het gemerkt heeft.' 'Ik was het,' antwoordde hij, 'ik raakte u met de rechter buitenspiegel en ik ben meteen gestopt om u te helpen... Kunt u opstaan?' 'Ja, ik denk het wel,' zei ik en met zijn hulp kwam ik overeind. 'Wees voorzichtig,' waarschuwde hij, 'heel voorzichtig.' Samen liepen we naar het benzinestation. 'Ik heet Henri,' zei ik. 'Ik ben Jon,' antwoordde hij, 'ik zal proberen een ambulance voor u te regelen.' We gingen het pompstation binnen en Jon zette me op een stoel en greep de telefoon.

De twee bedienden keken van een afstand toe, maar zeiden niets. Na een minuut werd Jon ongeduldig: 'Ik kan er niet door komen bij de ambulance-dienst. Ik zal u zelf maar naar het Central Hospital brengen.' Terwijl hij wegging om zijn auto te halen, belde ik Sue om haar te vertellen wat er was gebeurd. Een minuut later waren we op weg. Toen ik uit het rechter raampje keek, zag ik de verwrongen spiegel en realiseerde ik mij hoe hard ik was geraakt. Jon was duidelijk geschokt. Hij vroeg: 'Waarom stond u langs de weg?' Ik wilde niet te veel uitleggen, maar zei: 'Ik ben priester en leef in een gemeenschap met geestelijk gehandicapten. Ik was op weg naar mijn werk in een van onze huizen.' Met merkbare ontsteltenis in zijn stem zei hij: 'Mijn hemel, ik heb een priester aangereden. O God.' Ik mocht Jon en probeerde hem wat te troosten. 'Ik ben je heel dankbaar dat je me naar het ziekenhuis brengt en als ik beter ben, moet je onze gemeenschap komen bezoeken.' 'Ja, graag,' zei hij, maar zijn gedachten waren elders.

Het ziekenhuis

Aangekomen bij de Eerste Hulp van het ziekenhuis werden we onmiddellijk omringd door verpleegsters, dokters en een politieagente; er waren vragen en antwoorden, opname-formulieren, röntgenonderzoek. De mensen waren buitengewoon vriendelijk, deskundig en eerlijk. De dokter die de röntgenfoto bekeek zei: 'U hebt vijf ribben gebroken. We zullen u vandaag hier houden en dan kunt u naar huis'.
Opeens verscheen heel onverwacht een bekend gezicht. Het was mijn huisarts, dr. Prasad. Ik was verbaasd dat zij er al zo gauw was. Maar het zien van haar gaf mij een heel sterk gevoel dat ik in goede handen was. Op hetzelfde moment begon ik me verschrikkelijk ziek te voelen. Ik werd duizelig en wilde overgeven, maar kon het niet. Ik veroorzaakte enige opschudding om me heen en binnen een paar minuten werd duidelijk, dat ik er heel wat slechter aan toe was dan ik had gedacht. 'U hebt een inwendige bloeding', zei dr. Prasad. 'We moeten u nauwlettend in de gaten houden'.
Na veel onderzoeken, veel slangen en na veel gepraat, werd ik naar de intensive care gebracht. Jon was vertrokken. Sue, die vanwege het ijs het huis niet uit kon, had Robin gebeld, een van de leden van onze gemeenschap, en gezegd dat hij naar mij toe moest gaan. Hij was er en ging even later weer weg om de mensen te laten weten wat er aan de hand was. Nu was ik in staat de waarheid tot mij door te laten dringen. Ik was heel ziek en zelfs in levensgevaar. Geconfronteerd met de mogelijkheid dat ik dood zou gaan, schoot me te

binnen dat de spiegel van de passerende vrachtwagen mij dwong op een radicaal nieuwe manier naar mijzelf te kijken.
Behalve voor korte, onbetekenende ziektes, had ik nog nooit in een ziekenhuis gelegen. Maar nu was ik plotseling echt patiënt geworden, totaal afhankelijk van de mensen om mij heen. Ik kon niets zonder hulp. De slangen gingen op verschillende plaatsen mijn lichaam binnen voor intraveneuze injecties, bloedtransfusies, hartbewaking, en waren de getuigen dat ik volkomen 'passief' was geworden. Omdat ik weet dat ik ongeduldig van aard ben en me ervan bewust was dat ik onder controle moest blijven, verwachtte ik niet anders dan dat deze nieuwe situatie uiterst frusterend zou zijn. Maar het tegendeel bleek waar. Ik voelde me heel veilig in dat ziekenhuisbed met zijn spijlen aan weerszijden. Ondanks de hevige pijn had ik een totaal onverwacht gevoel van geborgenheid. De dokters en verpleegsters gaven uitleg bij elke maatregel die zij troffen, noemden de naam van elk medicijn dat zij inspoten, waarschuwden mij tevoren voor de pijn die ik kon verwachten, spraken hun vertrouwen, maar ook hun twijfels uit ten aanzien van de effecten van hun handelingen. Tijdens de ultrasone scanning wees de verpleegster mijn milt aan die op het scherm verscheen, en gaf de plek aan waar zij was beschadigd en zeer waarschijnlijk bloedde. De verpleegster die mij demorol gaf tegen de pijn en een ander middel om te kunnen slapen, zei: 'Het werkt twee uur en dan zult u weer pijn krijgen. U moet dan een uur wachten voor ik u weer een injectie kan geven'. Deze directe, open, vriendschappelijke en nuchtere wijze van optreden, nam mijn ongerustheid weg en hielp mij om beter tegen de situatie opgewassen te zijn. Ja, ik wist dat ik het gevaar liep mijn leven te verliezen,

maar ik kon nergens beter zijn dan hier. Vooral echter het simpele feit dat ik zo waardig en respectvol werd behandeld door mensen die ik niet kende en voor wie ik een onbekende was, gaf mij een veilig gevoel. Ik was totaal afhankelijk, maar ik werd door iedereen als een intelligente, volwassen persoon behandeld, voor wie men geen geheimen had. Ik mocht alles weten wat ik wilde weten, en wat dat betreft bleef ik volledig baas over mijn eigen lichaam. Nooit had ik het gevoel dat er uitspraken werden gedaan of beslissingen werden genomen over mij zonder mij, zonder dat ik er op de een of andere manier deel aan had gehad. Dat gaf mij het veilige gevoel van erbij te horen, ja zelfs van thuis te zijn. Ik heb niet veel bewuste herinneringen aan een zo complete verzorging, terwijl ik tegelijkertijd ook zo serieus genomen werd. Misschien was dat het, wat mij dat diepe gevoel van geborgenheid gaf.

Sue kwam me al heel snel opzoeken en werd de volgende dagen de voornaamste schakel met de buitenwereld. Zij zorgde voor de verbinding tussen mij en de Daybreak-gemeenschap, sprak met mij over de bezorgdheid van mijn vrienden, gaf mij de verzekering van hun gebeden en hield mij op de hoogte van de vele kleine, dagelijkse gebeurtenissen thuis. Haar veelvuldige bezoeken waren een grote troost. We praatten wat, baden samen en hele tijden zeiden we niets.

Dit moet ik allemaal vertellen om te kunnen uitleggen waarom de dood mij geen schrik aanjoeg. Ik wist dat er nog altijd bloedingen in de milt waren en dat mijn toestand nog altijd kritiek was, maar er was geen paniek en ik raakte niet verontrust of in de greep van de angst. Mijn reactie verraste mij. Zo vaak in het verleden had ik een enorme angst en verwarring ervaren. Ik had hartverscheurende gevoelens van afgewezen en verlaten zijn doorstaan, een verlammende angst en paniek gekend — vaak door kleinigheden veroorzaakt. Ik was bang voor mensen en onbekende krachten geweest. Ik kende mijzelf als een heel gespannen, nerveuze en angstige mens. Maar nu, in het aangezicht van de dood, voelde ik alleen maar vrede, vreugde en een alles doordringend besef van zekerheid.

De operatie

Vrijdagmorgen, na nog meer onderzoeken, zei dr. Barnes, de chirurg: 'Uw milt bloedt nog steeds. Wij moeten haar wegnemen'. 'Wanneer', vroeg ik, en hij antwoordde: 'Zodra de operatiekamer vrij is'. Even later kwam dr. Prasad mij bezoeken. Weer voelde ik de dreiging van de dood. Ik zei haar dan ook: 'Als ik doodga, zeg het me dan alstublieft. Ik wil me graag voorbereiden op mijn dood. Ik ben niet bang om dood te gaan, maar ik zit erover in dat ik zou kunnen overlijden zonder het te beseffen'. Zij antwoordde: 'Voor zover ik weet is er geen echt gevaar dat u zult sterven. Maar we moeten die bloeding stoppen en daarvoor moeten we uw milt wegnemen. Binnen een paar maanden bent u weer opgeknapt en u zult zonder milt heel goed kunnen leven'.

Dr. Prasad was heel eerlijk en verbloemde niets. Ze vertelde mij alles wat zij wist. Maar ikzelf bleef het gevoel houden dat doodgaan tot de mogelijkheden behoorde en dat ik mijzelf en mijn vrienden erop moest voorbereiden. Ergens diep in mijn binnenste besefte ik dat mijn leven werkelijk in gevaar was. En zo liet ik mijzelf binnengaan in een ruimte die ik nooit eerder had betreden: het voorportaal van de dood. Ik wilde die ruimte kennen, erin 'rondlopen' en mijzelf klaarmaken voor een leven na het leven. Het was de eerste keer in mijn leven dat ik bewust deze ogenschijnlijk vreselijke ruimte binnentrad, de eerste keer dat ik verlangde naar wat een nieuwe wijze van zijn zou kunnen zijn. Ik probeerde de mij vertrouwde wereld, mijn geschiedenis, mijn vrienden, mijn plannen los te laten. Ik

probeerde niet achterom, maar vooruit te kijken. Ik hield mijn blik gevestigd op die deur die voor mij open zou gaan en me iets zou laten zien dat lag voorbij alles wat ik ooit had gezien.
Op dat moment had ik een ervaring die ik nooit tevoren had gekend, de ervaring van zuivere, onvoorwaardelijke liefde. Beter nog: de ervaring van een intens persoonlijke aanwezigheid, een aanwezigheid die al mijn angsten terzijde schoof en zei: 'Kom, wees niet bang, ik houd van je'. Een heel milde, niet straffende aanwezigheid; een aanwezigheid die mij heel eenvoudig vroeg te vertrouwen, volkomen te vertrouwen. Ik aarzel om gewoon maar over Jezus te praten, uit zorg dat de naam van Jezus misschien niet de volle goddelijke aanwezigheid oproept, die ik ervaren heb. Het was geen warm licht, geen regenboog of een open deur wat ik zag, maar een menselijke, ja goddelijke aanwezigheid die ik voelde, die mij uitnodigde dichterbij te komen en alle angsten te laten varen. Mijn hele leven was een moeizaam pogen geweest om Jezus te volgen vanaf het moment dat ik hem via mijn ouders, vrienden en leraren had leren kennen. Ik had talloze uren doorgebracht met het bestuderen van de Schrift, met luisteren naar voordrachten en preken en met het lezen van geestelijke boeken. Jezus was voor mij heel nabij, maar tegelijk ook heel afstandelijk geweest, een vriend maar ook een vreemdeling, een bron van hoop maar ook van angst, schuld en schaamte. Maar nu ik rondliep in het voorportaal van de dood, was elke dubbelzinnigheid, was elke onzekerheid verdwenen. Hij was er, de Heer van mijn leven en zei: 'Kom naar me toe, kom'.
Ik wist heel concreet dat hij er was voor mij, maar ook dat hij het universum omarmde. Ik wist het: inderdaad, hij was de Jezus tot wie ik had gebeden

en over wie ik had gesproken, maar ook wist ik dat Hij nu niet om gebeden of woorden vroeg. Alles was goed. De woorden die dit alles samenvatten zijn Leven en Liefde. Maar deze woorden waren in een werkelijke aanwezigheid belichaamd. De dood verloor zijn macht en schrompelde weg in het Leven en de Liefde die mij op zulk een intieme wijze omringden, dat ik als het ware door een zee liep waarvan de golven waren weggerold. Ik werd heel veilig vastgehouden terwijl ik naar de andere oever ging. Alle jaloezie, wrok en woede werden zachtjes uit de weg geruimd en mij werd duidelijk gemaakt dat Liefde en Leven groter, dieper en sterker zijn dan welke krachten ook waarover ik mij zorgen heb gemaakt.
Eén bepaalde emotie was heel sterk, het gevoel thuis te komen. Jezus opende Zijn huis voor mij en leek te zeggen: 'Hier hoor je thuis'. De woorden die Hij tot Zijn leerlingen sprak: 'In het huis van Mijn Vader is er woonruimte voor velen... Ja, Ik moet heengaan en voor jullie een plaats gereedmaken...' (Joh 14, 2.3), werden werkelijkheid. De verrezen Jezus die nu bij Zijn Vader woont, verwelkomde mij thuis na een lange reis.
Deze ervaring was de verwerkelijking van mijn oudste en diepste verlangens. Sinds mijn eerste, bewuste ogenblikken heb ik het verlangen gehad bij Jezus te zijn. Nu voelde ik op de meest tastbare wijze Zijn aanwezigheid, alsof mijn hele leven zich samenbalde en ik door liefde omsloten werd. Het thuiskomen had onloochenbaar het kenmerk van een terugkeer, een terugkeer in de schoot van God. De God die mij in het verborgene had gevormd en mij had geboetseerd in de diepte van de aarde, de God die mij tot een harmonisch geheel had geordend in de schoot van mijn moeder, riep mij na een lange reis terug en wilde mij verwelkomen als

iemand die genoeg kind was geworden om als een kind te worden bemind. Ik spreek hier alleen voor mezelf en ik vertrouw er simpelweg op dat ik een heel helder visioen had in het aangezicht van de dood.
Nog altijd was er verzet tegen de roep om thuis te komen. Ik sprak daar met Sue over tijdens een van haar bezoeken. Wat mijn doodgaan het meest in de weg stond was het besef dat er nog zoveel niet af was, onopgeloste conflicten met mensen met wie ik woonde of had gewoond. De pijn van de vergiffenis die door mij niet was geschonken en mij niet was geschonken, was oorzaak dat ik mij nog vastklampte aan mijn gekwetst bestaan. Met de ogen van mijn geest zag ik mannen en vrouwen die in mij gevoelens van woede, jaloezie en zelfs haat hadden opgewekt. Zij hadden een vreemde macht over mij. Misschien dachten zij nooit meer aan mij, maar iedere keer als ik aan hen dacht, verloor ik iets van mijn innerlijke vrede en vreugde. Hun kritiek, afwijzing, hun persoonlijke antipathie tegenover mij, beïnvloeden nog altijd mijn gevoelens over mijzelf. Maar omdat ik hen niet echt, van harte vergaf, gaf ik hun macht over mij die mij aan mijn oude, gebroken bestaan geketend hield. Ik wist ook dat er nog altijd mensen boos op mij waren, mensen die niet aan mij konden denken of over mij konden praten zonder een gevoel van grote vijandigheid. Zelfs al wist ik niet wat ik hen had gedaan of hun had gezegd, zelfs al wist ik niet wie zij waren. Zij hadden mij niet vergeven, maar zij lieten mij in hun boosheid niet los.
In het zicht van de dood drong het tot mij door dat het niet uit liefde was dat ik zo aan het leven hing, maar dat de oorzaak een onopgeloste boosheid was. Liefde, echte liefde die van mij uitgaat of naar mij toestroomt, maakt vrij om te sterven. De dood

zou die liefde niet ongedaan maken. Integendeel, de dood zou haar dieper en sterker maken. De mensen van wie ik zielsveel houd en de mensen die zielsveel van mij houden mogen dan bedroefd zijn over mijn dood, maar hun band met mij zal alleen maar sterker en dieper worden. Zij zullen aan mij denken, mij deel laten uitmaken van hun eigen ledematen en zo op hun reis mijn geest met hen meedragen.

Neen, de echte strijd ging niet om het moeten achterlaten van geliefde personen. De echte strijd had te maken met het feit, dat ik mensen moest achterlaten die ik niet had vergeven en die mij niet hadden vergeven. Deze gevoelens hielden mij aan het oude lichaam gebonden en veroorzaakten veel verdriet. Ik voelde plotseling een diep verlangen alle mensen die boos op mij waren en allen op wie ik boos was, bij mijn bed te roepen, hen te omhelzen, hun te vragen mij te vergeven en hun mijn vergiffenis aan te bieden. Wanneer ik aan hen dacht besefte ik dat zij talrijke meningen, oordelen en zelfs veroordelingen vertegenwoordigden, die mij tot slaaf van deze wereld hadden gemaakt. Het leek er bijna op dat veel van mijn energie was opgegaan aan het mijzelf en anderen bewijzen dat ik gelijk had in mijn overtuiging, dat je sommige mensen niet kon vertrouwen, dat anderen mij gebruikten of probeerden mij aan de kant te zetten en dat hele groepen en categorieën mensen niet beantwoordden aan de norm. Dus hield ik vast aan de illusie dat ik bestemd ben om de beoordelaar en rechter van het menselijk gedrag te zijn. Terwijl ik het leven in mij voelde verflauwen, voelde ik een diep verlangen om te vergeven en vergeving te krijgen, om alle beoordelingen en meningen te laten varen, om van de last van oordelen bevrijd te zijn. Ik zei tegen Sue: 'Wil je

aan iedereen die mij gekwetst heeft zeggen dat ik hen van harte vergeef en wil je aan iedereen die ik gekwetst heb vragen mij ook te vergeven'. Terwijl ik dit zei voelde ik dat ik de brede leren koppelriemen die ik als aalmoezenier met de rang van kapitein in het leger had gedragen, afdeed. De koppelriemen omgordden niet alleen mijn middel, maar kruisten mijn borst en schouders. Zij hadden mij aanzien en macht gegeven. Zij hadden mij aangemoedigd over mensen te oordelen en ze op hun plaats te zetten. Ofschoon ik maar heel kort in het leger was geweest, had ik in mijn geest die koppelriemen nooit helemaal afgelegd. Maar ik wist nu dat ik niet wenste te sterven met die riemen die mij gevangen hielden. Ik moest zonder macht, zonder riemen, helemaal vrij van elk oordeel, sterven.
Waarover ik in die uren het meest inzat was, dat mijn dood iemand een schuldgevoel zou geven, iemand beschaamd zou maken of geestelijk in onzekerheid zou brengen. Ik was bang dat iemand zou zeggen of denken: 'Ik wilde dat ik de kans had gehad ons conflict op te lossen, te zeggen wat ik werkelijk voel, wat ik echt bedoel... Ik wilde, maar nu is het te laat'. Ik weet hoe moeilijk het is met deze niet gezegde woorden en ingehouden gebaren te leven. Zij kunnen onze duisternis nog dieper maken en tot een schuldenlast worden.
Ik wist dat mijn sterven goed of slecht voor anderen kon zijn, afhankelijk van de keuze die ik maakte. Ik zei opnieuw tegen Sue: 'In het geval dat ik doodga, zeg dan aan iedereen dat ik een heel diepe liefde voel voor alle mensen die ik heb leren kennen, ook tegenover hen met wie ik in conflict leef. Zeg hun dat ze zich niet ongerust of schuldig moeten voelen, maar mij naar het huis van mijn Vader moeten laten gaan in het vertrouwen, dat

daar mijn gemeenschap met hen dieper en sterker zal worden. Zeg hun met mij te vieren en dankbaar te zijn voor alles wat God mij heeft gegeven'.
Dat was alles wat ik kon doen. Sue's hart stond wijd open voor mijn woorden en ik wist dat zij ze vrucht zou laten dragen. Met een grote mildheid keek ze naar me en liet me weten dat alles goed was. Vanaf dat ogenblik gaf ik mezelf over aan Jezus en voelde me als een kuiken onder de vleugels van zijn moeder. Dat gevoel van veiligheid had iets te maken met het bewustzijn dat er een einde aan mijn angst was gekomen, de angst die voortvloeide uit het gevoel niet in staat te zijn de liefde te ontvangen die ik wilde ontvangen en de liefde te geven die ik het meest verlangde te geven; angst, veroorzaakt door gevoelens van verworpen en verlaten te zijn. Het vele bloed dat ik verloor werd een metafoor van de angst die mij al zo lang het leven zuur had gemaakt. Ook die angst zou wegvloeien uit mij en ik zou de liefde leren kennen waarnaar ik met heel mijn hart hevig had verlangd. Jezus was er om mij de liefde van Zijn Vader aan te bieden, een liefde waarnaar ik het meest verlangde, een liefde die mij in staat zou stellen alles te geven. Jezus zelf had in Zijn leven angst gekend. Hij kende de pijn om datgene wat voor Hem het meest waardevol was, niet te kunnen geven of ontvangen. Maar Hij doorstond die angst in het vertrouwen dat Zijn Vader die hem gezonden had, Hem nooit alleen zou laten. En nu was Jezus er, boven alle angst uit, en riep mij naar 'de overkant'.
Ook Maria, de moeder van Jezus, was er; maar haar aanwezigheid was veel minder concreet. Het leek alsof zij op de achtergrond wilde blijven. Aanvankelijk was ik zo in beslag genomen door de voelbare aanwezigheid van Jezus dat ik nauwelijks

aan Maria dacht. Terugblikkend weet ik evenwel dat zij er was, en de zachtmoedige getuige was van de ontmoeting van mijn hart met het hart van haar Zoon. Hoe vaak had ik niet gebeden 'Maria, moeder van God, bid voor ons zondaars, nu en in het uur van onze dood'. Ik besefte dat 'nu' en 'het uur van mijn dood' één en hetzelfde waren, en ik wist dat zij er was, ook al richtte ik mijn aandacht niet op haar. De pijn was van dien aard dat ik niet met woorden kon bidden, en evenmin was ik in staat veel te denken. Maar iedere keer als de verpleegster de houten rozenkrans in mijn handen legde, voelde ik troost. De kralen aanraken was alles wat ik kon, maar het was ook alles wat ik nodig had om te bidden. Geen woorden, geen gedachten, maar simpel aanraken.

Toen de verpleegster mij naar de operatiekamer reed en mij met uitgestrekte armen vastbond op de operatietafel, was er een onmetelijke innerlijke vrede in mij. Kijkend naar al die gemaskerde gezichten, herkende ik dr. Prasad. Ik had niet verwacht dat zij erbij zou zijn, maar ik was heel blij dat zij er was. Het gaf mij het gevoel dat ik gekend werd en dat er goed voor me werd gezorgd. Ondertussen vroeg ik me af hoe ze me onder narcose zouden brengen. Ik vroeg het aan de verpleegster en ze zei dat ze me een injectie zou geven. Dat gebeurde en het was het laatste dat ik mij herinner. Het duurde een paar weken voordat dr. Prasad mij vertelde wat er tijdens de operatie was gebeurd. 'Toen ik de milt als een eiland in een zee van bloed zag, geloofde ik niet dat u de operatie zou overleven. U had ongeveer tweederde van uw bloed verloren en wij vroegen ons af of we u in leven konden houden. Maar het lukte dr. Barnes de bloeding te stoppen en uw milt eruit te nemen. Hij redde uw leven.' Het was duidelijk dat noch de chirurg, dr. Barnes, noch dr. Prasad, ondanks alle onderzoeken, de ernst van de bloeding hadden voorzien. Maar toen ik werd teruggereden naar de intensive care, beseften de mensen die de operatie hadden bijgewoond, dat ik ternauwernood aan de dood was ontsnapt. Korte tijd nadat ik uit de narcose was bijgekomen, zei een van de verpleegsters: 'Nou, u mag hem wel dankbaar zijn'. Ik dacht dat ze dr. Barnes bedoelde, maar toen ik het haar vroeg, zei ze dat ze God bedoelde.

Het herstel

In de dagen die op de operatie volgden, begon ik te ontdekken wat het betekende dat ik niet dood was gegaan en spoedig hersteld zou zijn. Terwijl Sue en veel andere bezoekers blij en dankbaar waren dat ik buiten gevaar was en het tamelijk goed maakte, moest ik zelf het simpele feit onder ogen zien dat ik was teruggekeerd naar een wereld waarvan ik was bevrijd. Ik was blij te leven, maar diep in mij was er verwarring en verbazing. Waarom had Jezus mij niet naar huis geroepen? Ja, ik was gelukkig weer terug te zijn bij mijn vrienden, maar toch moest ik mezelf wel afvragen, waarom het voor mij beter was dat ik naar dit 'tranendal' terugkeerde. Ik was diep dankbaar te weten dat ik in staat zou zijn langer met mijn familie en met de gemeenschap te leven, maar ook wist ik dat langer op deze aarde leven meer strijd, meer pijn, meer angst en meer eenzaamheid zou betekenen. Diep in mijn binnenste vond ik het niet gemakkelijk de vele uitdrukkingen van dankbaarheid voor mijn genezing in ontvangst te nemen. Het was me onmogelijk in woorden te zeggen: 'Het zou voor jullie beter zijn geweest als ik was gestorven en ik door mijn afwezigheid jullie dichter bij God had mogen brengen', en toch zei ik in mijn geest wel iets dergelijks.
De grote vraag werd: 'Waarom ben ik in leven gebleven, waarom werd ik nog niet klaar bevonden om het huis van God binnen te gaan? Waarom werd mij gevraagd terug te keren naar een plek waar liefde zo dubbelzinnig is, waar het zo moeilijk is vrede te vinden en waar vreugde zo diep

verborgen ligt in verdriet?' Die vraag werd mij op verschillende manieren gesteld en ik wist dat ik langzaam naar het antwoord moest toegroeien. Zolang als ik, in de jaren die nog voor mij liggen, dit leven leef, zal die vraag mij altijd vergezellen en ik mag haar nooit helemaal loslaten. Die vraag brengt mij naar het hart van mijn roeping: te leven met een brandend verlangen met God te zijn, en gevraagd te worden zijn liefde te blijven verkondigen, terwijl ik de vervulling ervan misloop.
De confrontatie met de dood heeft mij geholpen de spanning die bij deze roeping hoort beter te begrijpen. Het is duidelijk geen spanning die moet worden opgelost, maar een spanning die zo diep moet worden beleefd dat zij vruchtbaar wordt. Wat ik over doodgaan heb geleerd is dat ik geroepen ben om voor anderen te sterven. De waarheid is heel eenvoudig dat de manier waarop ik doodga veel mensen beroert. Als ik vol bitterheid en woede sterf, zal ik mijn familie en vrienden in verwarring, met een gevoel van schuld of schaamte, of weerloos achterlaten. Toen ik de dood voelde naderen, besefte ik plotseling hoezeer ik de harten van hen die ik zou achterlaten, kon beïnvloeden. Als ik eerlijk kon zeggen dat ik dankbaar was voor mijn leven zoals ik het had geleefd, dat ik verlangde te vergeven en vergeving te ontvangen, dat ik vol hoop was dat zij die van mij hielden, hun leven in vreugde en vrede zouden voortzetten, en vol vertrouwen dat Jezus die mij roept, iedereen zou leiden die op de een of andere manier deel van mijn leven was geweest; als ik dat kon zeggen dan zou ik in het uur van mijn dood meer echte, geestelijke vrijheid uitstralen dan ik dat tijdens al die jaren van mijn leven had kunnen doen. Heel diep in mij realiseerde ik mij dat sterven de allerbelangrijkste daad van het leven is. Het houdt een keuze in: of

anderen opladen met een schuldgevoel, of ze vrij maken door dankbaar te zijn. Deze keuze is een keuze tussen een dood die leven geeft en een dood die dood veroorzaakt. Ik weet dat veel mensen leven in het besef, dat zij voor hen die zijn gestorven niet hebben gedaan wat zij wilden doen en dat zij geen idee hebben hoe zij van dat hardnekkige schuldgevoel af kunnen komen. Stervenden hebben de unieke gelegenheid hen die zij achterlaten, vrij te maken. In mijn 'stervensuren' voelde ik mij het sterkst verantwoordelijk voor hen die bedroefd zouden zijn over mijn dood. Zouden zij bedroefd zijn in vreugde of met een schuldgevoel, in dankbaarheid of met wroeging? Zouden zij zich verlaten voelen of bevrijd? Sommige mensen hadden mij diep gekwetst en anderen waren diep gekwetst door mij. Mijn innerlijk leven was gevormd via het hunne. Ik kwam in de verleiding hen in woede of schuld vast te houden. Maar ik wist ook dat ik de keuze had hen te laten gaan en mijzelf volledig over te geven aan het nieuwe leven in Christus.

Dat diepe verlangen in mij om met God te worden verenigd door Jezus, kwam niet voort uit minachting voor menselijke relaties, maar uit een scherp bewustzijn van de waarheid dat sterven in Christus werkelijk mijn grootste gave aan anderen kan zijn. In dit perspectief is leven een lange reis van voorbereiding, van zichzelf voorbereiden om werkelijk voor anderen te sterven. Het is telkens opnieuw met kleine beetjes sterven, waarin van ons wordt gevraagd dat wij allerlei gehechtheden loslaten, steeds minder anderen nodig hebben en steeds meer voor anderen leven. De vele overgangen die wij moeten maken als wij groeien van kind naar puber, van puber naar volwassenheid en van volwassenheid naar de ouderdom, zijn even zovele nieuwe kansen om te kiezen voor onszelf of voor anderen. Vragen als: wil ik machtig of dienstbaar zijn, wil ik opvallen of verborgen blijven, streef ik naar een succesvolle carrière of blijf ik mijn roeping volgen, blijven zich in de loop van deze overgangen aandienen en confronteren ons met lastige keuzen. In deze zin kunnen wij over het leven spreken als een langdurig proces van sterven aan jezelf, zodat wij in staat zullen zijn om te leven in de vreugde van God en om ons leven helemaal aan anderen te geven.

Als ik hierover nadenk, in het licht van mijn ontmoeting met de dood, word ik er mij van bewust hoe ongewoon deze manier van denken is, niet alleen voor de mensen met wie ik leef en werk, maar ook voor mijzelf. Pas in het zicht van de dood zag ik helder — en misschien alleen nog maar heel vluchtig — wat het leven eigenlijk is. Met mijn verstand had ik het concept van sterven aan jezelf wel begrepen, maar in het zicht van dood zelf leek het of ik nu pas de volle betekenis ervan kon vatten. Toen ik zag hoe Jezus mij riep om alles los te laten en er volledig op te vertrouwen dat, als ik dat deed, mijn leven vruchtbaar voor anderen zou zijn, zag ik opeens ook wat altijd mijn diepste roeping was geweest.

Mijn ontmoeting met de dood vertelde mij iets nieuws over de zin van mijn lichamelijke dood en over het een leven lang sterven aan jezelf, dat eraan vooraf moet gaan. Dat ik weer naar het leven met zijn strijd werd teruggestuurd, betekent geloof ik, dat van mij wordt gevraagd Gods liefde op een nieuwe wijze te verkondigen. Tot dan had ik gedacht en gesproken vanuit de tijd over de eeuwigheid, vanuit de werkelijkheid die voorbijgaat over een eeuwigdurende werkelijkheid, vanuit de ervaring van de menselijke liefde over de liefde van God. Maar na een glimp 'van de overkant' te hebben opgevangen, lijkt een nieuw getuigenis te worden gevraagd: een getuigenis dat vanuit de plaats van de onvoorwaardelijke liefde terugkaatst naar de wereld van dubbelzinnigheden. Dat betekent zo'n radicale verandering dat het mij heel moeilijk, ja zelfs onmogelijk lijkt, de woorden te vinden die de harten van mijn medemensen kunnen raken. Maar ik besef dat woorden moeten opwellen uit de diepste hunkering van het menselijk hart en haar wakker moeten maken. Ik hoor de woorden van Jezus tot Zijn Vader nu anders: 'Mijn leerlingen zijn niet van de wereld zoals Ik niet van de wereld ben... Zoals U Mij naar de wereld had gezonden, zo heb Ik hen naar de wereld gezonden. Heilig hen aan U toe in de waarheid; Uw woord is waarheid (Joh 17,16-18)'. In die uren vlak bij de dood heeft mijn ervaring van Gods liefde mij opnieuw doen beseffen, dat ik niet toebehoor aan de wereld — de duistere machten van onze samenleving. Deze kennis is dieper in mijn hart doorgedrongen en heeft mij tot een meer volledige aanvaarding van mijn identiteit gebracht. Ik ben een kind van God, een broer van Jezus. Ik word veilig vastgehouden in de intimiteit van de goddelijke liefde. Toen Jezus in de Jordaan werd gedoopt, hoorde hij een stem uit de hemel die zei: 'Dit is mijn liefste zoon, een man naar mijn hart' (Mat 3,17). Deze woorden onthulden de ware identiteit van Jezus als de meest geliefde zoon. Jezus hoorde die stem werkelijk, en al Zijn gedachten, woorden en daden komen voort uit dit heel diepe weten dat Hij oneindig door God werd bemind. Jezus leefde Zijn leven vanuit die innerlijke ruimte waarin die liefde woont. Ofschoon het feit dat Hij door de mensen werd verworpen, ofschoon hun jaloezie, hun wrok en haat Hem heel diep pijn deden, bleef Hij altijd verankerd in de liefde van de Vader. Aan het einde van Zijn leven zei Hij tot Zijn leerlingen: 'Wel, er komt een uur, ja het is er al, dat je verstrooid zult worden, ieder naar zijn eigen huis en Mij alleen zult laten. Hoewel: Ik ben niet alleen, de Vader is met Mij' (Joh 16,32).

Ik weet nu dat de woorden, tot Jezus gesproken toen Hij werd gedoopt, woorden zijn die ook tot mij zijn gesproken en tot iedereen die een broer of zus van Jezus is. Mijn neiging mezelf af te wijzen of te kleineren, maakt het moeilijk deze woorden goed te horen en ze te laten afdalen tot in het centrum van mijn hart. Maar wanneer ik deze woorden eenmaal goed in mij heb opgenomen, dan ben ik bevrijd van de dwang mijzelf te moeten bewijzen voor de wereld en kan ik er leven zonder van de wereld te zijn. Wanneer ik eenmaal de waarheid heb aanvaard dat ik het geliefde kind van God ben, dat hij onvoorwaardelijk van mij houdt, dan kan ik naar de wereld worden gezonden om er te spreken en te handelen zoals Jezus deed.

De grote geestelijke taak waarvoor ik mij zie gesteld is er volledig op te vertrouwen dat ik God toebehoor, zodat ik vrij in de wereld kan staan, vrij om te spreken zelfs als mijn woorden niet worden ontvangen, vrij om te handelen zelfs als mijn daden worden bekritiseerd, belachelijk worden gemaakt of als nutteloos worden afgewezen, vrij ook om liefde van mensen te ontvangen en dankbaar te zijn voor alle tekens van Gods aanwezigheid in de wereld. Ik ben ervan overtuigd dat ik echt in staat zal zijn om de wereld oprecht te beminnen, wanneer ik ten volle geloof dat ik ver over de beperkingen van die wereld heen word bemind.

Toen ik bijkwam uit de narcose en me realiseerde dat ik niet in het huis van God was maar nog in de wereld leefde, was er onmiddellijk het inzicht dat ik werd gezonden: gezonden om de alles omvattende liefde van de Vader bekend te maken aan de mensen die hongeren en dorsten naar liefde, maar die liefde vaak verwachten binnen een wereld waar zij niet gevonden kan worden.

Ik begrijp nu dat 'bekend maken' niet in de eerste plaats een zaak van woorden, argumenten, taal en methoden is. Wat hier op het spel staat is een manier van leven in de waarheid, die niet zozeer tracht te overreden als wel te laten zien.

Het gaat om de manier waarop je getuigt. Ik moet aan de overkant blijven, terwijl ik teruggestuurd word. Ik moet de eeuwigheid in mijn leven tot uidrukking brengen daar waar ik het zoeken van de mens in de tijd verken. Ik moet God toebehoren terwijl ik mezelf aan de mensen geef.

Nu ik aan de eeuwigheid heb geraakt, lijkt het onmogelijk ernaar te verwijzen alsof ze niet reeds hier is. Jezus sprak vanuit zijn intieme, onverbreekbare gemeenschap met de Vader tot de wereld en verbond zo de hemel met de aarde. Tot Nicodemus zegt hij: 'We spreken over wat we weten, en we getuigen van wat we hebben gezien' (Joh 3,11). Kan ik worden zoals Jezus en getuigen van wat ik heb gezien ? Ja, ik kan leven in God en spreken over de menselijke werkelijkheid. Ik kan thuis zijn in het eeuwige en betekenis zien in wat voorbijgaat. Ik kan verblijven in het huis van God en thuis zijn in de huizen van de mensen. Door het brood van het leven gevoed, kan ik werken aan gerechtigheid voor hen, die door gebrek aan voedsel aan het verhongeren zijn. Ik kan de vrede die niet van deze wereld is, ervaren en mij engageren in de strijd van de mensen om op aarde gerechtig-

heid en vrede te vestigen. Ik kan erop vertrouwen dat ik op de een of andere manier daar aangekomen ben en van daaruit deelneem aan het voortdurende zoeken naar God door mijzelf en door andere mensen. De ervaring God toe te behoren, kan de plaats zijn van waaruit ik de menselijke pijn van vervreemding en ontheemd zijn kan doorleven.
Er bestaat echter het gevaar van een valse zekerheid, van ingebeelde duidelijkheid, ja zelfs van absolutisme of dogmatisme: de oude verleiding om alles onder controle te houden. Spreken vanuit de eeuwigheid in de tijd, kan gemakkelijk als onderdrukkend worden gezien, aangezien antwoorden worden geboden alvorens vragen zijn gesteld. Maar Jezus' hele optreden was een optreden dat 'van boven' kwam, een optreden dat voortvloeide uit een verhouding met de Vader in de hemel. Alle vragen die Jezus opwierp, alle antwoorden die Hij gaf, alle confrontaties die Hij opriep en de troost die Hij bood, dat alles had zijn wortels in Zijn kennis van de onvoorwaardelijke liefde van de Vader. Zijn optreden was niet onderdrukkend omdat het voortvloeide uit Zijn diepe ervaring van onvoorwaardelijk bemind zijn, en het motief was geenszins een persoonlijke behoefte aan bevestiging en om aanvaard te worden. Hij was volkomen vrij juist omdat Hij niet de wereld maar uitsluitend de Vader toebehoorde. Jezus' optreden is het model voor elke ambtsbediening. Daarom kan spreken 'van God uit' nooit autoritair, manipulerend of onderdrukkend zijn. Het moet verankerd zijn in een liefde, die niet alleen vrij is van de gedwongenheid en de obsessies die de menselijke betrekkingen aantasten, maar ook vrij om er in een geest van mededogen en vergeving te zijn als een mens lijdt.
De vraag voor mij is of mijn ontmoeting met de

dood mij voldoende van de verstarring van de wereld heeft bevrijd om trouw te zijn aan mijn roeping zoals ik die nu zie als 'gezonden' van boven. Dat houdt duidelijk een oproep in tot gebed, contemplatie, stilte, eenzaamheid en innerlijke onthechting. Om te behoren tot, moet ik mijn 'niet behoren tot' blijven kiezen, om van boven te zijn, moet ik mijn niet van hier beneden zijn blijven kiezen. Het verlangen naar Gods onvoorwaardelijke liefde verdwijnt snel, wanneer de verslavende machten van het dagelijks bestaan zich weer aandienen. In een ziekenhuis staat de zin van het leven je heel helder voor de geest, maar die helderheid verbleekt geleidelijk, wanneer de vele dagelijkse verplichtingen terugkeren en het dagelijks leven weer opnieuw gaat overheersen. Het vraagt een enorme discipline om leerling van Jezus te blijven, in zijn liefde verankerd te blijven en uitsluitend vanuit God te leven. Maar de waarheid van de ziekenhuis-ervaring kan niet worden ontkend, ook al leek het slechts een glimp van een zon te zijn, die achter een bewolkte hemel schijnt. De vele wolken van een mensenleven kunnen mij er niet langer toe brengen te ontkennen dat het de zon is die warmte en licht geeft. Jezus zegt: 'Ik ben de weg, de waarheid en het leven'. Deze woorden zijn voor mij niet langer iets om over te denken of te mediteren. Zij hebben het centrum van mijn bestaan geraakt en zijn een tastbare werkelijkheid geworden. Vanuit het perspectief van die werkelijkheid hebben mensen, dingen en gebeurtenissen werkelijkheidswaarde ómdat zij verbonden zijn met de liefde en het leven van God, zoals zij mij in Jezus zijn geopenbaard. Zonder deze goddelijke verbinding verliezen mensen, dingen en gebeurtenissen snel hun eeuwigheidswaarde en gaan zij lijken op een vervagende droom en een vluchtige fantasie. Zodra ik het contact verlies met de God die Waarheid, Leven en Licht is, zal ik weer verstrikt raken in de ontelbare dagelijkse 'werkelijkheden' die zich aan mij voordoen als zaken van essentiële waarde. Zonder een heel expliciete en gerichte poging God in het centrum van mijn hart te houden, zal het niet lang duren voordat de ziekenhuiservaring weinig meer dan een vrome herinnering is.

De manier waarop mijn vrienden reageerden op mijn herstel, bracht mij tot nadenken over de manier waarop in onze kringen leven en dood worden gezien. Unaniem feliciteerden zij mij met mijn herstel en zij waren dankbaar dat ik het weer zo goed maakte. Hoewel ik heel dankbaar was voor hun aandacht en genegenheid, riep de ontmoeting met God in die uren dichtbij de dood, toch in mij de vraag op of 'weer beter' worden inderdaad het beste voor mij was. Zou het niet de voorkeur hebben verdiend volledig bevrijd te zijn van deze dubbelzinnige wereld en naar huis gehaald te worden in algehele gemeenschap met God? Zou het niet beter geweest zijn als ik deze vergankelijke wereld had verlaten om ten langen leste veilig geborgen te zijn in de onvergankelijke liefde van God? Zou het niet beter geweest zijn aan te komen dan onderweg te blijven? Niemand van de mensen die mij een brief schreven, opbelden, bloemen stuurden of mij bezochten, leek er zo over te denken. Dat verraste mij niet, ik zou op de ziekte van een vriend net zo hebben gereageerd. Niettemin was ik toch enigszins verbaasd dat niemand zelfs maar suggereerde dat mijn terugkeer naar het oude leven niet noodzakelijk het best mogelijke gevolg van mijn ongeluk was. Niemand schreef: 'Het feit dat je nog niet klaar bevonden werd om helemaal te worden verenigd met de Heer

aan wie je je leven hebt gegeven, moet een teleurstelling voor je zijn geweest, maar als je reisgenoot verwelkom ik je, nu je weer terug bent in de strijd die het leven is'. De talloze liturgische teksten die spreken voor ons hevig verlangen om bij God in de eeuwige vreugde en vrede te leven, vertalen klaarblijkelijk niet ons werkelijk verlangen. Het leven op deze aarde, pijnlijk en ongelukkig als het kan zijn, lijkt voor mijn vrienden de voorkeur te verdienen boven de vervulling van Gods belofte over de grenzen van onze dood heen. Ik zeg dit niet cynisch. Ik weet maar al te goed dat ik niet anders ben dan mijn vrienden. Maar omdat ik een glimp van de overkant van het leven heb opgevangen, vraag ik me nu af of ons hevig verlangen dit leven vast te houden, niet suggereert dat wij het contact hebben verloren met een van de meest wezenlijke aspecten van onze geloofsbelijdenis: het geloof in het eeuwig leven.
Dit alles helpt mij om de ware betekenis van mijn herstel en mijn hernieuwde aanwezigheid in dit leven, te ontdekken. Steeds weer vraag ik mij af of ik niet wat extra jaren heb gekregen om ze hier vanuit de overkant te leven. Theologie betekent vanuit Gods perspectief naar de wereld kijken. Misschien wordt mij een kans gegeven om meer theologisch te leven en anderen te helpen hetzelfde te doen, zonder dat zij het nodig hebben te worden geraakt door de spiegel van een passerende auto. Terwijl ik langzaam weer helemaal gezond word, ontdek ik dat het dilemma van Paulus — Christus zal worden verheerlijkt... of ik leven moet of sterven — mijn dilemma is geworden. De spanning door dit dilemma geschapen, is een spanning die nu aan de basis van mijn leven ligt. Paulus schrijft: 'Want voor mij is leven Christus en sterven winst. Maar blijf ik leven, dan wacht mij

vruchtbare arbeid. Daarom weet ik niet wat ik moet kiezen. Ik word naar twee kanten getrokken: ik verlang heen te gaan om met Christus te zijn en dat is verreweg het beste. Maar voor u is het nuttiger dat ik nog hier blijf, in dit lichaam. En omdat ik hiervan overtuigd ben, weet ik ook dat ik zal blijven leven en gespaard zal blijven voor u allen, tot uw vooruitgang en de vreugde van uw geloof. Dan zult gij, wanneer ik weer bij u kom, een nieuwe reden hebben om op mij te roemen in Christus Jezus' (Fil 1,21-26).

Terwijl ik terugkeer naar het normale leven bid ik dat deze woorden van Paulus mij steeds meer zullen leiden. Hoewel ik tot het inzicht ben gekomen dat mijn dood een gave aan anderen had kunnen zijn, weet ik ook dat mijn leven dat ik nog moet leven, evenzeer een gave is omdat zowel leven als sterven hun ware betekenis vinden in de verheerlijking van Jezus Christus. Daarom is er niets om je zorgen over te maken. De verrezen Christus is de Heer van zowel de levenden als de doden. Aan hem zij alle lof en eer en glorie. Het kan zijn dat de spiegel van een passerende vrachtwagen mij geraakt heeft om mij daaraan te herinneren.

Nawoord

Sinds ik mijn ervaringen in het voorportaal van de dood heb opgeschreven, zijn er een paar maanden verstreken. Als ik er nu op terugkijk, nu ik weer helemaal ondergedompeld ben in het complexe dagelijkse leven, moet ik mijzelf de vraag stellen: 'Kan ik datgene wat ik heb geleerd vasthouden?' Onlangs zei iemand me: 'Toen je ziek was, was je heel evenwichtig en de vele mensen die bij je op bezoek kwamen, ondergingen een echte vrede die van je uitging. Maar sinds je beter bent en je je vele taken weer op je hebt genomen, komt je oude ongedurigheid, je oude onrust weer boven'. Ik moet heel zorgvuldig naar deze woorden luisteren. Is die glimp van de overkant zo reëel en sterk als hij was, niet in staat mij op God gericht te houden wanneer de eisen van onze hectische samenleving zich opnieuw aandienen? Kan ik vasthouden aan de waarheid van mijn ziekenhuiservaring? Op het eerste gezicht lijkt het onmogelijk. Hoe blijf ik geloven in de eenmakende, vernieuwde kracht van Gods liefde, wanneer alles wat ik ervaar verbrokkeling en verwijdering is? De wereld waarin ik vandaag leef, lijkt niet langer een vruchtbare bodem waarin het zaad van de genade krachtig kan groeien en vrucht kan dragen. Terwijl ik naar de vele bulldozers kijk, die om me heen de prachtige landbouwgronden verwoesten om de bodem bouwrijp te maken voor al die huizen, die als auto's op een parkeerplaats naast elkaar worden gezet, weet ik dat met de herten ook de eenzaamheid, de stilte en het gebed zijn verdreven. Concurrentie, ambitie, rivaliteit en een intens verlangen naar macht en aanzien lijken allesoverheersend te worden. Mijn bed met spijlen op de intensive care en mijn bed op de vijfde verdieping van het York Central ziekenhuis leken veilige en heilige plaatsen, vergeleken met de chaos van de stedelijke 'ontwikkeling'. Maar dan is er toch ook nog mijn eigen gemeenschap van gehandicapte mensen en hun helpers. Wat doe je daar dan mee? Op de een of andere manier weet ik dat zij het onmogelijke mogelijk kunnen maken. Want temidden van ons op macht beluste leefmilieu, bezit onze gemeenschap zoveel zwakheid en kwetsbaarheid, dat God ons blijft herinneren aan de liefde die mij in het voorportaal van de dood werd getoond.

Een van de meest levengevende ervaringen van mijn laatste weken in het ziekenhuis was het bezoek van mijn vader, mijn zus, vrienden en leden van mijn gemeenschap. Zij hadden volop tijd. Zij hadden niets belangrijkers te doen. Zij hadden tijd om naast mijn bed te zitten en er alleen maar te zijn. De meest gehandicapten in het bijzonder waren mij heel nabij. Adam, Tracy en Hsi-fu kwamen in hun rolstoelen. Zij zeiden niets, maar zij waren er om mij er alleen maar aan te herinneren dat zij evenveel van mij hielden als ik van hen. Zij leken mij te willen zeggen dat mijn ervaring in het voorportaal van de dood echt was, dat ik erop kon vertrouwen, en door hun zwijgende aanwezigheid vertelden zij mij dat zij in staat waren mij trouw te laten blijven aan die ervaring. Toen Hsi-fu mij bezocht, wipte hij op en neer in zijn rolstoel en toen ik hem omhelsde, bedekte hij mijn gezicht met zijn kussen. Hij sloot de cirkel. Ik had naar hem toe willen gaan, tenslotte was hij het die naar mij kwam alsof hij me wilde zeggen: 'Maak je geen zorgen, ik ben in bad geweest, maar blijf dicht bij me zodat je niet verliest wat je op je bed hebt geleerd.'

Ik heb veel vrede en vrijheid die mij in het ziekenhuis waren gegeven, verspeeld. Dat betreur ik, ik heb er zelfs verdriet over. Nogmaals: er zijn zoveel mensen, zoveel projecten, er wordt zoveel aan mij getrokken. Nooit is er genoeg tijd en ruimte om alles te doen en mij helemaal voldaan te voelen. Ik ben niet langer zo evenwichtig en zo geconcentreerd als tijdens mijn ziekte. Ik wilde dat ik het was. Ik snak ernaar. Het is een snakken dat ik met veel mensen deel. Omdat zij niets hoeven te bewijzen, niets hoeven te bereiken, worden Hsi-fu en alle zwakke en gebroken mensen van onze wereld mij gegeven om mij steeds weer terug te roepen naar de plaats van de waarheid, die ik heb leren kennen. Zij hoeven geen succes te boeken, geen carrière te beschermen, zij hebben geen naam op te houden. Zij zijn altijd op de 'intensive care', altijd afhankelijk, altijd in het voorportaal van de dood. Zij kunnen mij in contact brengen en nauw verbonden houden met die plek in mij, waar ik ben zoals zij: zwak, gebroken en totaal afhankelijk. Het is de plaats van de echte armoede, waar God mij gezegend noemt en tot mij zegt: 'Wees niet bang, jij bent mijn liefste kind, een mens naar mijn hart'. Ik blijf herinnerd worden aan Jezus' woorden: '... als je niet verandert en wordt als kinderen, zul je het koninkrijk der hemelen zeker niet binnengaan' (Mat 18,3). Ik besef dat mijn ongeluk mij, in elk geval voor even, als een kind maakte en mij even een voorproefje van het koninkrijk gaf. Alle verleidingen om dat kind in mij achter te laten zijn er nu weer, en ik ben niet verrast dat sommige vrienden voelen dat ik meer te geven had toen ik ziek was dan na mijn herstel. Maar ik kan niet langer gaan zitten wachten op weer een ongeluk om mij weer opnieuw te richten op het koninkrijk. Ik moet heel eenvoudig mijn ogen richten op de wereld waarin ik ben geplaatst en daar de mensen zien die mij telkens weer kunnen helpen om te worden als een kind. Ik weet zeker dat mijn ongeluk niets anders was dan een simpele gebeurtenis om mij eraan te herinneren wie ik ben en wat ik moet worden.